ORAISON

FUNÈBRE

De S. Ém. Monseigneur Hugues-Robert-Jean-Charles

DE LA TOUR - D'AUVERGNE - LAURAGUAIS,

CARDINAL-PRÊTRE DE LA SAINTE ÉGLISE ROMAINE,

du titre de Ste.-Agnès extrà mœnia, décoré du Pallium,

imposé par le Pape lui-même,

ÉVÊQUE D'ARRAS,

GRAND'CROIX DE LA LÉGION-D'HONNEUR,

PRONONCÉE DANS L'ÉGLISE CATHÉDRALE,

le 22 Octobre 1851,

Par M. l'Abbé PLANQUE, Chanoine titulaire.

ARRAS,

ALPH. BRISSY, Imprimeur de l'Evêché.

ORAISON

FUNÈBRE.

ORAISON FUNÈBRE

DE SON ÉMINENCE MONSEIGNEUR

HUGUES - ROBERT - JEAN - CHARLES

DE LA TOUR - D'AUVERGNE - LAURAGUAIS,

Cardinal - Prêtre de la Sainte-Eglise Romaine, du Titre de Sainte-Agnès *extrà mœnia*, décoré du Pallium, imposé par le Pape lui-même,

ÉVÉQUE D'ARRAS,

Grand'Croix de la Légion-d'Honneur,

PRONONCÉE

DANS L'ÉGLISE CATHÉDRALE,

le 22 Octobre 1851,

Par M. l'Abbé PLANQUE, Chanoine titulaire.

ARRAS,

ALPH. BRISSY, Imprimeur de l'Evêché.

ORAISON FUNÈBRE

DE SON ÉMINENCE MONSEIGNEUR

HUGUES-ROBERT-JEAN-CHARLES

DE LA TOUR - D'AUVERGNE - LAURAGUAIS,

CARDINAL-PRÊTRE DE LA SAINTE-ÉGLISE ROMAINE,

du titre de Ste.-Agnès extrà mœnia, *décoré du Pallium,*

IMPOSÉ PAR LE PAPE LUI-MÊME,

ÉVÊQUE D'ARRAS,

GRAND'CROIX DE LA LÉGION-D'HONNEUR.

Ipse est directus divinitùs in pœnitentiam gentis,
et tulit abominationes impietatis.

*Il a été conduit d'en haut pour amener le peuple
à la pénitence, et il a fait disparaître les abominations de l'impiété.* (Ecclésiastique, ch. 9
ỳ 3.)

Monseigneur (1), Messieurs,

Cette parole que l'Eglise d'Arras répète si
souvent en l'honneur de son premier Evêque,
qu'il me soit permis de l'appliquer à celui

(1) Monseigneur Parisis, auparavant Evêque de Langres et
qui la veille avait pris solennellement possession du Siège
d'Arras.

qui, pendant près d'un demi siècle, a continué au milieu de nous, ses travaux, son apostolat : car, entre l'un et l'autre, entre les temps surtout où il leur a été donné d'exercer le saint ministère, les rapports sont frappants : si le noble prêtre de Toul, l'illustre catéchiste de Clovis, trouva à peine quelques vestiges de l'antique foi, sur cette terre qu'il venait évangéliser; celui que nous pleurons eut aussi beaucoup à réparer; ses premiers pas ne foulèrent que des ruines. C'est donc de lui, comme de son saint prédécesseur, que nous pouvons dire : *Il a été conduit d'en haut pour amener le peuple à la pénitence, et il a fait disparaître les abominations de l'impiété. Ipse est directus divinitùs....*

Mais d'où vient qu'en apparaissant aujourd'hui dans cette chaire, qui cependant m'est si connue, j'éprouve un sentiment profond de tristesse et de crainte? Mes Frères, dans ce vaste auditoire, mes yeux cherchent en vain celui qui naguère encore prêtait à nos paroles une si bienveillante attention; et lui-même va devenir l'objet de ce discours! Comment parler sans émotion de celui qui n'est plus; comment surtout en parler dignement? Oh! si je n'avais consulté que mes forces, j'aurais décliné ce périlleux honneur, mais j'ai dû répondre à l'appel de mes frères dans le sacerdoce; je compte sur leur sympathie, et aussi, permettez-moi de vous le dire, sur celle dont, si souvent déjà, vous m'avez donné tant de preuves. Aujourd'hui, plus que jamais, elle m'est nécessaire; non-seulement le sujet est vaste, difficile; mais la souffrance ne m'a pas même laissé le peu de forces qu'il avait plu à Dieu de me donner.

Ajouterai-je que j'arrive un peu tard pour rendre ce dernier hommage à notre père commun? Oh! pour vos cœurs, je le sais, il est des souvenirs qui ne s'effacent jamais! D'ailleurs, une consolation nous était réservée; et ce qui, en d'autres circonstances, aurait pu rendre notre tâche plus difficile, plus délicate, aujourd'hui nous devient un encouragement. Devant l'éminent Prélat que pleure l'Eglise de Langres, ma parole pourra avoir toute sa liberté; en lui déjà nous avons trouvé un père; et puis, le savoir n'est-il pas toujours indulgent?

Entrons donc dans notre sujet; et d'après le plan que les paroles de mon texte ont déjà fait pressentir, montrons ce que Dieu a fait pour notre bien-aimé Pontife et Père, ce qu'il a fait lui-même pour Dieu. Tel sera l'éloge funèbre que nous consacrons à la mémoire du Très-haut, Très-puissant et Éminentissime Seigneur HUGUES-ROBERT-JEAN-CHARLES DE LA TOUR-D'AUVERGNE-LAURAGUAIS, Cardinal-Prêtre de la Sainte-Eglise Romaine, Évêque d'Arras.

Par là nous aurons rattaché toute sa vie à une pensée éminemment chrétienne : car, pour nous, l'oraison funèbre n'est pas une simple histoire, encore moins un discours académique : elle serait indigne de sa mis-

sion, indigne du lieu où elle est prononcée,
si elle ne renfermait un haut enseignement
de foi, si Dieu, pour ainsi parler, ne s'y
faisait sentir à chaque page.

PREMIÈRE PARTIE.

En recherchant d'abord ce que Dieu a fait
pour l'illustre Pontife que nous pleurons,
nous ne croyons pas céder à une pensée té-
méraire, peu réfléchie. L'action de Dieu sur
tout e créature sortie de ses mains ne saurait
être révoquée en doute : c'est un des points
fondamentaux de notre foi; un de ses dogmes
les plus consolants, comme les plus glorieux ;
et la raison elle-même, quand l'erreur et la
passion ne l'aveuglent pas, s'arrête avec
amour à l'idée d'une providence qui, de la
société qu'elle embrasse dans son ensemble,
descend sans effort, et comme parle l'Écriture, avec autant *de force que de douceur,* [1]
aux moindres détails de la vie de chacun en
particulier. Il est vrai que cette action se

(1) Sag ch. 8 ; 1.

dérobe souvent à nos yeux ; qu'elle s'enve-
loppe, par rapport à nous, de saintes et
mystérieuses obscurités ; mais ici elle se ma-
nifeste d'une manière assez sensible, et il
sera doux à notre piété filiale de la saisir au
moins dans ses traits les plus saillants. En
faisant remonter vers Dieu ce qui vient de
Dieu, nous n'oterons rien à la gloire de
notre père ; nous l'aurons placée sous la
sauve-garde d'une sainte et auguste invio-
labilité.

Hugues-Robert-Jean-Charles DE LA TOUR-
D'AUVERGNE-LAURAGUAIS, naquit en 1768,
d'une de ces nobles et antiques familles,
dont le nom, cher à la France, se trouve
mêlé aux faits les plus éclatants de son histoire. Ainsi la gloire se donnait à lui, avant
même qu'il eût pu la connaître. Devons-nous
l'en féliciter ? Mes Frères, bien qu'à nos
yeux la naissance ne fasse pas le mérite,
et que celui-là surtout soit digne d'admiration qui s'élève par le seul ascendant du talent et de la vertu ; c'est cependant une

belle chose qu'un beau nom noblement porté; et, aujourd'hui plus que jamais, tout homme qui réfléchit, s'inclinera avec respect devant le digne représentant des gloires du passé. La société n'a pas trop de toutes ses forces; et c'en est une que celle des nobles traditions. La gloire accumulée par les siècles sur la tête d'un enfant n'est pas seulement le plus beau des héritages, le plus sacré des patrimoines; c'est encore un gage d'avenir, un auxiliaire puissant, un élément de succès.

Sans doute, pour son œuvre, Dieu n'a pas besoin de cette force, qui vient de la chair et du sang; il sait, quand il le veut, tirer de la poussière ceux qu'il place à la tête de son peuple. Je remarque même que pendant plusieurs siècles il n'a voulu confier qu'à des pauvres, des faibles, des ignorants, l'auguste mission d'évangéliser la terre, de la régénérer : *il a choisi*, dit l'Apôtre, *ce qui est faible selon le monde, pour confondre ce qui est fort; et ce qui n'est point, pour dé-*

truire ce qui est ; afin que nulle chair ne se glorifie en sa présence (1). Mais cette conduite de Dieu, nécessaire aux premiers jours du Christianisme, devait avoir un terme ; elle devait cesser avec les motifs qui l'avaient fait naître : et quand il fut évident aux yeux de tous que la Religion, cette noble fille du Ciel, ne devait rien à la terre, qu'elle s'était établie, développée sans moyens humains, contre tous moyens humains, Dieu alors put se relâcher de sa rigueur première. *Et nunc, reges.* Et maintenant, ô Rois, ô grands et puissants de la terre, venez ! Dieu veut bien accepter vos services ; il n'est pas juste que la gloire humaine soit à jamais deshéritée de cette autre gloire qui vient du Ciel ; venez ! dans ce vaste champ du père de famille, il y a place pour tous les mérites, pour tous les dévouements : et nous sommes heureux de le reconnaître, plus d'une fois vous avez manié avec autant de zèle que de succès ces armes spirituelles pour

______

(1) Corinth. ch. 1 ỳ 27.

lesquelles vos mains ne semblaient point faites; plus d'une fois, à ces palmes sanglantes que l'on cueille sur un champ de bataille, vous avez fait succéder ces conquêtes pacifiques, qui ne coûtent aucune larme, et que bénissent ceux-mêmes dont on triomphe!

C'est qu'en effet, Mes Frères, l'éclat du nom, de la naissance, s'il n'est pas nécessaire au ministre des autels, peut cependant, dans un cas donné, venir en aide à sa mission, la rendre plus facile, par cela même plus fructueuse : et quand on se rappelle l'effet puissant, que produisait, au milieu de nous, le beau nom de La Tour-d'Auvergne, il est permis, je pense, de le faire entrer, passez-moi l'expression, en ligne de compte dans les dons si brillants d'ailleurs départis par la Providence à notre bien-aimé Pontife.

Disons de suite, car c'est encore ici un de ces dons du dehors, qui ne font pas le mérite, sans doute ; mais qui, en l'embellissant, le rendent aussi plus aimable, plus attrayant ; jamais homme n'a été plus richement doté de ces diverses qualités extérieures, dont la réunion constitue ce qu'on appelle éminemment la beauté. Pardon ! Mes Frères, si dans ce jour, dans cette enceinte, en face de cette tombe, qui parle si éloquemment de la vanité, du néant de tout ce qui passe, j'ai osé prononcer ce mot ! Mais pouvais-je taire ce qui est sur toutes les lèvres, ce qui vit encore dans tous les souvenirs ? D'ailleurs, beauté, richesses, grandeur, tout ne vient-il pas de Dieu ? Et parce que trop souvent l'homme abuse de ces dons ne pourrions-nous plus en glorifier l'auteur ? Il y avait donc en lui je ne sais quel attrait puissant, une sorte de prestige, de séduction, prestige dont on pouvait bien ne pas se rendre compte, mais que l'on subissait comme à son insu, et que l'on était heureux de subir. Était-ce l'éclat du nom, la noblesse des formes, la grâce des manières, cette douce et imposante majesté at-

tachée à toute sa personne ?.... Ne cherchons
pas à analyser cette puissance mystérieuse
de l'illustre défunt, puissance qui l'a ac-
compagné jusque sous les rides de la vieil-
lesse, j'allais presque dire, dans les bras de
la mort ; car nous l'avons vu alors que, re-
posant sur son lit funèbre, il recevait les
derniers hommages de ses enfants, eh bien !
soit souvenir, soit réalité, il imposait encore !

Si maintenant de ces dons bien faits sans
doute pour captiver et séduire, nous descen-
dons aux qualités plus essentielles de l'esprit
et du cœur, nous pouvons encore glorifier
la Providence et la bénir de ses largesses.
Sans doute ce n'est point ici un de ces
génies transcendants, dont la place se trouve
comme marquée d'avance à la tête des intelligences qu'ils éclairent et dirigent. Nous
n'avons à admirer en lui ni cette profondeur
de conception, qui étonne ; ni cette élévation
de pensées, qui éblouit ; ni cette puissance
de parole, dont l'empire est irrésistible ;

mais aussi, des hommes de cette trempe
sont-ils donc si communs? Et à côté, ou si
vous le voulez, au dessous de ces hautes
intelligences qui commandent l'admiration,
n'y a-t-il pas encore une place assez belle
pour ces talents plus modestes, qui, avec
moins d'éclat, réalisent le bien dans la me-
sure même des forces que Dieu leur a
départies? Quelle que soit l'idée, que l'on
se forme de l'illustre prélat, il faudra bien
reconnaître qu'à une grande richesse d'ima-
gination, à une étonnante facilité de travail,
il a su joindre cette heureuse activité, qui
double les forces, et sans laquelle, le génie
lui-même serait souvent frappé d'impuis-
sance, de stérilité. Cet homme si aimable,
si séduisant dans un cercle, était au fond
du cabinet un travailleur infatigable; il
entrait dans tous les détails de sa vaste
administration, répondait souvent par lui-
même, de sa propre main, aux lettres si
nombreuses, qui lui arrivaient de tous les
points du Diocèse; et cela, avec une aisance,
une facilité, et parfois un à-propos qu'aurait

pu lui envier une intelligence supérieure sous d'autres rapports.

Quant à son cœur, vous l'avez connu; et vos larmes, plus éloquentes que toute parole, disent assez quels trésors d'affection et d'amour y étaient renfermés ; car, si on peut admirer ce qui est grand, on ne pleure que ce qui est bon ! Oui, livré à lui-même et comme à sa pente naturelle, ce cœur s'épanchait volontiers en sentiments tendres et affectueux : il n'est personne d'entre nous qui n'en ait fait la douce expérience; et ceux-mêmes, qu'il a pu contrister, trouveraient aisément dans leur vie de ces souvenirs, qui rachètent bien des douleurs, qui consolent de bien des peines.

A ces dons si précieux déjà, il a plu à Dieu d'ajouter une chose plus précieuse encore, le bienfait d'une éducation chrétienne; car c'est bien là, Mes Frères, la grâce par excellence, la grâce qui doit éveiller en nous les plus vifs sentiments de gratitude et d'a-

mour envers l'auteur de *tout don parfait;*
grâce devant laquelle s'effacent et l'éclat du
nom, de la naissance et les facultés intel-
lectuelles les plus brillantes; puisque, sans
cette grâce, ces dons eux-mêmes ne seraient
souvent qu'une occasion plus prochaine de
ruine et de mort spirituelle. Et qui ne sent
que plus l'homme est élevé, plus aussi il a
besoin d'une règle sure, invariable, qui,
toujours présente à ses yeux, le dirige et
le défende en quelque sorte contre lui-même? Autrement, privé de guide, et comme
flottant à tout vent de doctrine [1], *l'esprit ne
s'évanouira-t-il pas dans ses propres pensées* [2] ; sa force même ne fera-t-elle pas
la grandeur de sa ruine? Et le cœur, ce
pauvre cœur pour qui c'est un besoin que
d'aimer, n'ira-t-il pas, si Dieu lui fait défaut,
se consumer tristement dans l'attache aux
créatures, et dépenser, dans un ignoble
amour, ce trésor d'affection qu'une main
divine a déposé en lui? Oui, il faut à
l'homme une règle; et cette règle c'est la

(1) Ephés. ch. 4, v 14. — (2) Rom. ch. 1, v 21.

foi, c'est la religion! hors de là, tout est faible, fragile, impuissant; seule, la religion peut servir de contre-poids aux tendances mauvaises de notre nature, seule, répondre à ce double besoin d'un être qui, comme Dieu, vit d'intelligence et d'amour; à l'esprit, elle donne la vérité; au cœur, un bien qui puisse le remplir, le rassasier.

Charles DE LA TOUR eut ce bonheur de trouver, au sein même de la famille, des principes et surtout des exemples vraiment chrétiens. Confié, jeune encore, à la sage direction de son oncle maternel, l'abbé de Saint-Paulet, il put sans danger pour lui-même, pour son innocence, développer ses brillantes facultés naturelles. En se formant à ces belles manières, qui plus tard devaient si bien le distinguer, il se formait aussi à la vertu; il contractait ces heureuses habitudes de foi, de piété, qui ont embelli sa longue carrière; il apprenait encore à aimer, à pratiquer cette chose sainte qu'on appelle le travail; car le travail a été imposé à l'homme par Dieu même, et si pour le plus grand nombre il n'était pas une condition d'existence, pour tous il le serait encore de vertu, de bonheur. Aussi, cette activité, dont nous parlions tout-à-l'heure, ne s'est-elle jamais ralentie ; bien loin de diminuer avec l'âge, elle semblait prendre, chaque jour, de nouveaux accroissements, semblable à ces corps lancés sur un plan incliné, et dont le mouvement s'accélère, en proportion même des distances parcourues. Oui, nous l'avons vu, et ce spectacle frappait ceux-mêmes d'entre nous qui, plus jeunes et par suite plus ardents, auraient dû, ce semble, s'en étonner moins. L'âge n'avait rien pu sur cette forte et vigoureuse nature ; et dans un corps, qui déjà s'inclinait vers la tombe, bouillonnait, si je l'ose dire, une ardeur toute juvénile.

Nous ne le suivrons pas dans le cours de ses études littéraires. Que feraient ici quelques succès, dont une vie moins glorieuse aurait pu se contenter peut-être, mais dans lesquels assurément on ne pouvait lire encore les magnifiques destinées de l'avenir? Arrivons de suite à cette heure si grande, si importante dans la vie, quand, au sortir de la première adolescence, le jeune homme doit enfin se fixer sur le choix d'un état, et entre ces mille voies qui s'ouvrent devant lui prendre celle dans laquelle il lui faudra marcher : heure solennelle! puisque de cette heure et du choix qu'elle détermine dépend presque toujours le bonheur du temps et celui de l'éternité.

Le jeune Charles ne connut pas ces moments d'angoisse, de suprême anxiété, qui pèsent si douloureusement sur l'âme dont la vocation est douteuse encore et incertaine. Un goût précoce pour les choses de Dieu, et comme une sorte de prédilection pour tout ce qui est de son service, le portait vers le sanctuaire: il entre au séminaire de Saint-Sulpice : là, sous la haute direction d'un homme déjà bien cher à l'Église, et dont le nom devait plus tard s'illustrer par le plus sublime des dévouements, par la plus courageuse des fermetés, sous la direction même de M. l'abbé Emery [1], il fait l'heureux apprentissage de la science et des vertus sacerdotales. C'était vraiment grâce sur grâce ; car si le seul fait de la vocation est déjà un gage de l'amour divin, les moyens qui doivent développer en nous cette vocation, lui faire porter ses fruits, n'en sont-ils pas une nouvelle manifestation ? On dit que le jeune séminariste sut mériter l'estime et la confiance de l'homme éminent, qui continuait, avec tant de sagesse et de succès, au milieu de Saint-Sulpice, les nobles et saintes traditions de son vénérable fondateur, l'abbé Olier ; c'est assurément une de ses gloires les plus belles, les plus pures ; à mes yeux, rien n'honore comme l'amitié d'un sage ! Hélas ! il ne devait pas jouir longtemps de cette paix que l'on goûte

(1) On sait que M. Emery, jeté comme tant d'autres dans les prisons de la terreur, y apparut comme un ange de paix et de consolation ; et qu'en 1811, au concile tenu à Paris, il sut résister courageusement à celui devant qui tremblaient alors les rois eux-mêmes.

à l'ombre des autels ! Déjà grondait l'orage qui allait fondre sur la France ; des rumeurs sinistres couraient çà et là comme le bruit précurseur de la tempête ; et devant cet avenir si sombre, si menaçant, plusieurs sentirent faiblir leur courage ; ils n'osèrent s'engager. Que dirai-je ? mieux vaut la faiblesse qui se retire, que la présomption qui apostasie. Charles sut se montrer supérieur à l'un et à l'autre : fidèle à son Dieu, à sa vocation, il entra résolument dans cette voie qui déjà se hérissait d'épines. Les premiers ordres, quoiqu'au milieu des plus graves préoccupations, purent être reçus au séminaire ; pour la prêtrise, il fallut se cacher. Voici ce que nous lisions, il y a quelques mois, tracé de la main même du vieillard déjà souffrant : « *Aujourd'hui, jour de saint Jean-Baptiste, il y a cinquante-neuf ans révolus que j'ai été ordonné prêtre par Monseigneur de Bonal, Évêque de Clermont, en secret, dans sa chambre, rue et hôtel Taranne à Paris. Priez Dieu pour moi. † Ch. Card. Ev. d'Arras.* » Oh ! je conçois la puissance et la douceur d'un pareil souvenir ! Car s'il est un beau jour pour le prêtre, c'est bien celui où il a reçu l'onction sacerdotale ; mais quand à ce jour vient se mêler une idée de sacrifice, de dévouement, ne semble-t-il pas s'embellir encore ? C'est qu'en effet, ce qui compte réellement dans la vie, c'est bien moins la joie, le bonheur, que la souffrance offerte à Dieu, la souffrance endurée, recherchée pour Dieu. Oui, Mes Frères, c'est là une belle page dans l'histoire de notre bien-aimé Pontife ; n'avoir en perspective que les croix, les privations, les douleurs, et néanmoins se porter en avant, c'est plus que du courage, c'est de l'héroïsme !...

Et c'est sans doute en récompense de cet héroïsme que, pendant ces jours mauvais, où la naissance, le talent, la vertu, étaient devenus comme autant de titres de proscription, Dieu a veillé sur lui avec tant de sollicitude. Retiré à Amiens, au sein d'une famille honorable, il put sous l'habit laïque conserver sa vie, et ce qui est plus précieux, son innocence. Ecoutons un témoin oculaire (1), qui plus tard devait recevoir de ses mains bénies l'onction sacerdotale, et qui, aujourd'hui encore, aime à consacrer au Diocèse les dernières ardeurs de ce zèle toujours si vif, si brulant au cœur des fils de saint Ignace ; employé comme lui dans les administrations républicaines, il a pu le connaître : « *Partout*, dit-il, *j'entendais faire son éloge, non-seulement à cause de la dignité et de l'amabilité de son extérieur, mais plus encore à cause de la régularité de sa conduite. On était étonné de voir qu'un jeune homme si bien fait (car tout le monde, comme moi, le regardions comme simple laïque) fût si réservé, et sût allier tant de retenue avec tant d'aisance et de noblesse dans les manières.* » J'ai cité textuellement. Il y avait donc là plus qu'une réserve, qu'une sagesse ordinaire; on la remarquait, on s'en étonnait même. Oui, mon père ! et il m'est bien doux de pouvoir le proclamer, l'esprit du sacerdoce était toujours vivant en

(1) Le R. P. Sellier.

vous ; sous les livrées du siècle battait un véritable cœur de prêtre !

Ainsi se formait, au milieu même du monde et de ses dangers celui qui bientôt après devait s'asseoir sur le siége épiscopal de cette ville : car la tempête avait cessé, et un homme, à qui le génie, à défaut de la foi, aurait suffi pour comprendre les besoins et les vœux de la France, s'occupait déjà, en exécution du concordat, de la réorganisation des Diocèses ; sur le refus de l'abbé Emery, désigné d'abord pour l'évêché d'Arras, l'abbé DE LA TOUR est proposé, et le premier consul signe sa nomination. Le voilà donc, bien jeune encore, placé à la tête d'un diocèse immense, et où, nous le verrons bientôt, tout était, pour ainsi dire, à reconstruire. Certes, le malheur porte avec lui-même son instruction ; on apprend vîte à son école ; et, sans doute, le souvenir toujours vivant des ravages causés par l'esprit de révolte et d'impiété a pu donner, au nouvel élu de Dieu, cette maturité précoce, qui supplée, en

quelque sorte, l'expérience ; mais pourquoi
ne point le dire ? C'est moins ici la faute
des personnes que le malheur des temps ;
lui-même d'ailleurs l'a souvent reconnu :
on pourra toujours regretter qu'il n'ait pu
consacrer à des études propres, spéciales au
prêtre, ces jours si tristement perdus dans
des occupations étrangères : la science
ecclésiastique ne s'improvise point ; elle est
l'œuvre du temps, du travail, des sérieuses
réflexions. On pourra toujours regretter
qu'avant d'arriver à cette haute, mais redou-
table dignité, il n'ait pas parcouru les degrés
inférieurs de la sainte hiérarchie ; car
celui-là surtout commande avec succès,
qui a commencé par obéir ; qui a vu de ses
propres yeux, et comme touché du doigt, les
rouages si multiples, si variés d'une vaste
administration. Et ici, Mes Frères, croyez-le
bien, un sentiment profond d'intérêt, (le
cœur d'un enfant pourrait-il en éprouver
un autre ?) un sentiment, dis-je, d'intérêt
profond, bien senti pour la mémoire de
notre père a pu seul inspirer mes paroles ;

car si , malgré le double désavantage que nous avons signalé, il a opéré tant de bien, que n'aurait-il point fait dans des conditions plus favorables ? D'ailleurs, vous le comprenez, pour ceux qui, dans ce long épiscopat, pourraient trouver quelques actes, quelques faits, moins dignes d'approbation et de louange, il y aurait déjà là une excuse.

Heureusement, hâtons-nous de le dire, car nous sommes encore ici à faire la part de la Providence, le jeune Pontife, dès son début, trouva dans les débris de l'ancien Clergé des hommes bien dignes de partager sa sollicitude et d'alléger son fardeau : les Dubois, depuis évêque de Dijon, les Dupont, les Lefebvre ; car pourquoi ne pas les nommer ici ces hommes vraiment apostoliques, non moins recommandables par la vertu que par la science et dont *la mémoire* sera toujours *en bénédiction.* (1) Oh! il m'est bien doux de leur payer ce juste tribut d'admiration et d'amour, et de les associer, comme

(1) Eccli. Ch. 45 , ẙ 1.

dans un dernier hommage, à celui qu'ils ont servi avec tant de zèle et de succès !

En même temps, d'autres prêtres, qu'animait l'esprit de saint prosélytisme, fondaient à Amettes, à Dohem, [1] ces maisons bénies de Dieu, qui furent parmi nous les premières pépinières du sacerdoce.

Cependant l'intégrité du jeune Prélat dans la foi avait attiré près de lui ces hommes, qu'une haute dignité abbatiale et le souvenir récent encore de la persécution soufferte pour J.-C. avaient rendus doublement véné-

---

(1) En même temps que MM. Paternelle et Braure fondaient l'un à Amettes, l'autre à Dohem, des écoles ecclésiastiques, M. l'abbé Compiègne en établissait une à Audinghem.

Les institutions d'Amettes et de Dohem se fondirent en une seule en 1811, pour former le Petit Séminaire de St.-Omer, qui fut confié à l'habile direction de M. l'abbé Joyez : c'est aujourd'hui le collége de St.-Bertin.

De son côté, M. Compiègne établit à Boulogne, à la même époque, l'institution devenue depuis si florissante sous M. l'abbé Haffreingue.

Tous ces divers établissements, et le Petit Séminaire d'Arras, dont nous parlerons plus tard, ont assuré le recrutement de la milice sacerdotale.

rables ; sans asile sur cette terre défrichée par leurs devanciers, ils venaient avec confiance demander un abri à celui qui, jeune encore, avait partagé leurs souffrances. Oh ! ce fut un spectacle imposant, pour la ville épiscopale, que cette auguste réunion formant comme un sénat d'honneur au jeune élu de Dieu ; et ces glorieux commencements du chapitre nous sont chers ! Mais, vous le comprenez, il y avait là plus que de la gloire ; il y avait la vertu, la sagesse, l'influence toujours si puissante de l'exemple !

Plus tard, l'illustre Pontife, trouvera comme un nouveau point d'appui, dans ces honneurs, ces dignités, que chaque pouvoir semblait lui prodiguer à l'envi. Ces honneurs, sans doute, étaient la juste récompense de longs et éminents services ; mais ils n'en venaient pas moins en aide à sa mission ; car plus l'homme s'élève, plus aussi il semble se rapprocher de la source même de toute grandeur, qui est Dieu ; et alors, il est plus facile de l'oublier, pour ne plus songer qu'à celui qu'il représente ; et certes, si quelque chose avait pu ajouter à ce respect profond, traditionnel, que le Clergé de ce beau diocèse a toujours professé pour ses chefs spirituels, c'était bien cette pourpre romaine, qui, après la tiare réservée au front du Pontife-Roi, est devenue le signe de la plus haute comme de la plus auguste dignité. Oui : celui à qui le Pape lui-même avait imposé le Pallium, celui qui nous revenait chargé des éloges et des bénédictions du Sacré-Collége, nous aurait facilement imposé ce respect, si déjà il n'avait été gravé profondément dans nos cœurs.

Enfin, Mes Frères, et cette grâce l'auguste Pontife a su toujours l'apprécier ; il en bénissait souvent le Seigneur, il en parlait avec effusion ; et c'était justice ; car cette grâce est bien précieuse ! Avec elle tout fardeau est moins lourd, toute peine moins amère : Eh quoi donc ? Eh bien ! nous le dirons à votre gloire ! Dieu avait donné à son élu un peuple au cœur docile ; un peuple en qui, malgré les efforts de l'impiété, la foi était vive encore, pleine de sève et d'énergie ; un peuple qui toujours s'est glorifié d'aimer ses pasteurs, de les respecter, de leur obéir. Nous n'étions pas encore quand le jeune Prélat apparut, pour la première fois, au milieu de vous ; mais l'écho de votre joie, de vos pieuses acclamations, s'est prolongé jusqu'à nous ; et longtemps encore il redira quelle ivresse, quel saint enthousiasme ont éclaté sous les pas de celui qui vous *venait au nom du Seigneur !* (1)

Plus tard, il nous a été donné d'assister à ces nouveaux témoignages de respect et d'amour, que votre piété filiale s'est plu à lui prodiguer, alors qu'élevé à une éminente dignité, il revenait au milieu de ses enfants, comme pour les couvrir de sa gloire, et les envelopper, en quelque sorte, dans les vastes plis de son manteau de pourpre ! Oh ! ce souvenir est là, toujours vivant, impérissable ! On ne saurait ni mieux aimer, ni

(1) Ev. St. Jean. Ch. 12, y 13.

mieux le dire ; ce sont de ces choses qu'on .
ne doit voir, ce semble, qu'une fois dans la
vie ; et cependant, quelques années après,
les mêmes transports, le même enthousiasme
accueillaient le Pontife à son retour de la ville
éternelle ; et l'exemple donné par la noble
cité épiscopale, se répétait dans tout le diocèse : chaque paroisse rivalisait de zèle et
d'amour ; les visites pastorales n'étaient plus
qu'une ovation ; la marche du Pontife un
triomphe ! Oh ! je conçois que pour un peuple,
qui sait si bien aimer, on refuse tout, jusqu'à ce siége archiépiscopal qui, placé au
centre des honneurs, des richesses, du pouvoir, semble lui emprunter quelque chose
de sa grandeur, de sa puissance : mais aussi,
quand on est à la tête d'un tel peuple, n'est-
on pas bien fort ? et un levier, dont le point
d'appui se trouve, si je l'ose dire, dans tous
les cœurs, n'est-il pas tout-puissant !

Oh ! Mes Frères, soyons toujours fidèles
à ces nobles et antiques traditions de foi,
de respect, de dévouement, à ceux que Dieu

nous a donnés pour pères : gardons - les comme le plus précieux des héritages : là est notre gloire; là aussi notre mérite! Eh! qui sait si notre amour pour celui qui n'est plus, n'a pas plaidé en notre faveur, auprès du souverain dispensateur de toute grâce? Qui sait si notre respect, notre pitié filiale, ne nous ont pas mérité ce choix vraiment inespéré d'un Pontife, déjà célèbre dans l'Eglise de Dieu par ses travaux, son génie, ses vertus? Sans doute, l'éclat jeté sur l'Eglise d'Arras par l'illustre défunt, a pu réagir sur les conseils de ceux qui paraissent ici - bas régler nos destinées; ils auront cherché un successeur digne de lui; après l'éclat du nom, l'éclat du génie; ces deux gloires vont bien ensemble! Mais, j'aime à le croire, ce choix si heureux qui, aux douleurs de la perte est venu mêler tant de consolations, c'est vous qui l'avez fait; ou plutôt Dieu lui-même qui, par là, a voulu récompenser tout un passé de foi, de pieux respect, de dévouement. Oh! oui : soyons-lui toujours fidèles à ce passé si glorieux!

Reportons sur l'illustre Pontife, qui vient d'entrer si heureusement dans les travaux de celui que nous pleurons, ce respect, cette affection, dont, vous le savez, il est déjà si digne; car son cœur vous a parlé; hier, dans cette même chaire, il s'épanchait en flots d'éloquence et d'amour! Quand peuples et Pasteurs se confondent dans une même pensée, l'œuvre de Dieu se fait; il y a au *Ciel* une grande *gloire, et sur la terre paix* profonde, inaltérable.

Mais il est temps de vous montrer l'éminent Pontife répondant aux grâces de Dieu: Sujet de ma seconde partie.

DEUXIÈME PARTIE.

Organiser un vaste Diocèse, y assurer au culte cet éclat extérieur, qui sied si bien à la sainte majesté de nos mystères, et dont l'influence, d'ailleurs, est toujours si puissante sur les fidèles; enfin, par de sages institutions, travailler efficacement au bien des âmes, à leur sanctification; telle a été la triple tâche imposée par la Providence à notre bien-aimé Pontife et Père : et, disons-le de suite, souvent cette tâche a été remplie avec autant de zèle que de succès.

Vous le savez, Mes Frères, au moment où celui. que nous pleurons fut élevé, si jeune encore, sur le siége épiscopal de cette ville, les difficultés étaient grandes ; et ces difficultés qui venaient plutôt de la force des choses, du temps, des circonstances, que de la disposition des esprits, il fallait plus que du courage pour les vaincre. L'ancienne circonscription des Diocèses n'avait pu être maintenue : par un acte de haute juridiction, et ajoutons sans crainte, de haute sagesse, usant de cette plénitude de pouvoir que J.-C. lui avait donnée, dans la personne même de Pierre, sur toutes les Eglises, le Souverain Pontife avait réuni les siéges de St.-Omer et de Boulogne à celui d'Arras, pour ne former désormais qu'un seul et même siége sous la juridiction d'un seul et même Evêque. Voilà donc le nouvel élu de Dieu en présence d'un vaste Diocèse, formé pour ainsi dire de tronçons séparés, que rien ne reliait encore, ayant sans doute la même foi, mais non les mêmes usages, les mêmes aspirations; car il était bien naturel aux Eglises dépossédées de regretter le passé, d'entretenir même de saintes et pieuses espérances! Concevez-vous ce qu'il a fallu de tact, de prudence, de douce et patiente reserve, pour réunir ces éléments si disparates, en former un tout homogène; pour rapprocher les membres épars de ce grand corps, leur inspirer le même esprit, les faire vivre de la même vie, constituer enfin cette belle et grande unité diocèsaine, aujourd'hui notre gloire, notre force? Eh bien! tout cela a été fait; et ce cri de douleur et d'angoisse, qui naguère encore retentissait d'un bout du Diocèse à l'autre, montre assez qu'un même coup avait donné dans tous les cœurs; que tous pleuraient un même père!... Mais, avançons....

Dans ce vaste Diocèse, formé des débris

de deux autres siéges, qui, quoique moins anciens, avaient cependant leur gloire, leur pieuse et noble tradition, tout, pour ainsi dire, était à reconstruire. La tempête révolutionnaire y avait accumulé ruines sur ruines ; et si, malgré les efforts de l'impiété, la foi était vive encore et puissante au fond des cœurs, le malheur des temps permettait peu de sacrifices ; les besoins étaient immenses, et les ressources presque nulles.

Cependant, grâce au zèle, à l'activité du jeune Prélat, la maison de prière se relève bientôt ; elle répare ses pertes ; chaque jour apporte une restauration nouvelle, et déjà l'on peut encore, sans trop de regret, songer aux gloires du passé, à ses pompeuses et brillantes solennités. Ici se présente de lui-même, à tous les regards comme à toutes les pensées, ce temple auguste qu'il aimait tant à orner, à embellir : Car il le voulait digne et de la majesté du siége épiscopal, et de la noble ville, qui, depuis près de quatorze siècles, jouit de l'insigne honneur de lui donner son nom. Pour cela il n'a épargné ni peines, ni travaux, ni largesses ; et nous savons qu'après l'argent consacré à d'honorables infortunes ou à ses besoins personnels, besoins modestes et bien restreints ; car ce Prélat, si magnifique dans les grandes solennités du culte, était chez lui, dans l'intérieur, d'une simplicité vraiment patriarcale ; le reste refluait vers cette église mère, objet constant de sa sollicitude, de ses plus chères prédilections. Il est mort, laissant à peine de quoi payer ses funérailles, et comme dans une honorable pauvreté. Au reste, si je rappelle ce fait, ce n'est pas que je veuille en faire le sujet spécial d'une louange ; grâce à Dieu, le désintéressement n'est pas chose si rare chez nos Pontifes ; il y a longtemps qu'ils nous y ont accoutumés ! Mais j'ai voulu montrer, de quelle ardeur il était animé pour la maison de prière. Oui, Pontife vénéré, il a été grand votre zèle : comme le prophète vous auriez pu dire : *Seigneur j'ai aimé la beauté de votre maison et le lieu qu'habite votre gloire* (1). Cette église, qui maintenant nous rassemble, vous l'aviez reçue nue, informe, couverte à peine, et voici qu'elle n'a déjà presque plus rien à envier aux monuments les plus remarquables ! Oh ! cette œuvre suffirait seule à votre gloire ; et si, en ce jour, dans ce lieu où tout nous parle si éloquemment de vous, j'avais pu me taire, ces *pierres elles-mêmes* se seraient ébranlées, *elles auraient élevé la voix* (2) pour vous bénir, pour vous glorifier !

Mais, ce temple, Mes Frères, n'éveille-t-il pas en nous d'autres souvenirs ? ces grandes et pieuses solennités dont il a été si souvent le témoin ; cette pompe des cérémonies saintes qui se déroulait si majestueusement dans son sein ; ces chants qui, mêlés aux soupirs mélodieux de l'orgue, allaient se prolongeant dans ses vastes nefs comme un écho des cieux ; tout ici ne rappelle-t-il pas un autre attrait du pieux Prélat, tout

(1) Ps. 25, v. 8.
(2) St.-Luc, Ch. 19, ɏ 40.

ne dit-il pas combien vif a été en lui le goût des choses saintes, des choses qui peuvent rehausser le culte, ajouter à son éclat, l'élever en quelque sorte à la hauteur de cette majesté suprême, dont il doit redire à tous la gloire, la grandeur, la beauté, les ineffables perfections? Oui, *il a donné de la pompe aux jours de fête, et il a orné les jours sacrés jusqu'à la consommation de sa vie* (1). Il me semble encore le voir, alors qu'entouré de ses prêtres comme d'une *couronne* (2), il montait à l'autel pour offrir la sainte victime; quel éclat! quelle majesté! Ainsi devait être cet Onias, dont l'Écriture a chanté la gloire! Ainsi ces Pontifes vénérables qui, dans l'ancienne loi, étaient chargés de figurer d'avance les grandeurs et les saintes réalités du présent! Alors la vaste nef était trop étroite pour contenir la foule des fidèles; et l'étranger, qu'avait attiré l'éclat de nos cérémonies, s'en retournait frappé d'admiration; il nous enviait presque

(1) Eccli. Ch. 47, ⅄ 12.
(2) Eccli. Ch. 50, ⅄ 13.

cette gloire, et volontiers, comme la reine de Saba à la cour de Salomon, il se serait écrié : *beati* (1)! Heureux ceux à qui il est donné de jouir d'un pareil spectacle !

Et cette gloire, projetée par l'illustre Prélat sur toutes les cérémonies du culte, ne s'est pas bornée à cet éclat fugitif, passager, qui s'éteint avec la personne, et dont il ne reste qu'un brillant souvenir. Admise à l'insigne honneur de le servir à l'autel; participant chaque fête, chaque Dimanche, aux cérémonies toujours si belles, si imposantes de l'Église mère, la jeune génération des lévites se formait, sans effort, et comme naturellement, aux bonnes et pures traditions ; et au sortir du séminaire, elle allait les emportant comme un précieux dépôt, pour les répandre sur tous les points du Diocèse.

Et croyez-le bien, ce ne sera pas là un des moindres bienfaits que nous devrons au

(3) 3e liv. Rois. Ch. 10, ÿ 8.

zèle éclairé de l'illustre ·Pontife. Le culte a
toujours eu une haute importance dans
l'église de Dieu : Expression publique de
ces sentiments intimes de foi, d'espérance
et d'amour, qui rattachent la créature au
créateur, il participe en quelque sorte de
cette majesté même à laquelle il s'adresse ;
en lui tout est grand, auguste, divin, pour
ainsi dire, parce qu'en lui tout se rapporte
à Dieu ! Mais ce qui doit surtout nous le
rendre cher, c'est son influence sur les peuples qui nous sont confiés. Par le culte,
nous parlons à tous un langage que tous
peuvent comprendre ; nous redisons aux
yeux, aux oreilles, nos dogmes, nos mystères, nos joies, nos espérances ; nous leur
donnons un corps, pour ainsi dire ; et des
sens pénétrant dans l'esprit, nous nous em-
parons de l'homme tout entier comme pour
mieux le soulever de terre et le porter à
Dieu ! Oh ! conservons-les précieusement
ces belles et nobles traditions ! Rien n'est à
négliger de ce qui peut agir sur les âmes !
Quoiqu'on fasse, quoiqu'on dise, le peuple

veut être attiré, remué. Si le prêtre lui fait défaut, il ira chercher ailleurs, et à son grand détriment, ces émotions qui sont comme un des besoins de notre nature. Sachons lui rendre attrayants ces saints spectacles que nous offre la religion ; ceux-là du moins sont sans danger ; que dis-je ! ils élèvent, ils éclairent, ils purifient ! Oui, sachons lui faire aimer la sainte assemblée des fidèles ; et nous aurons bien mérité de Dieu, de la Religion, de la Société !

Ainsi pensait l'illustre Prélat : et certes, sous ce rapport, rien n'eût manqué à sa gloire : elle eût été complète, si, fidèle à cette belle et vénérable liturgie, dont les accents mélodieux avaient charmé notre enfance, il n'avait pas cru devoir la sacrifier à une autre plus moderne. Le zèle aurait-il donc aussi ses écueils ! Ici, Mes Frères, nous saurons faire la part du temps, des circonstances ; la part des impressions premières, et aussi, pourquoi ne pas le dire ? de ces idées autrefois si puissantes, mais qui, grâce à Dieu, perdent chaque jour du terrain, et finiront par disparaître. Rattaché par le concordat à cette métropole dont, jeune encore, il avait pu contempler les splendeurs; entouré dès son début d'hommes bien respectables sans doute, (nous les avons assez connus pour leur vouer une estime profonde), mais comme lui amateurs de ces brillantes nouveautés; dans un temps, d'ailleurs, où la lumière, qui plus tard devait éclairer la question, n'était point faite encore, on conçoit comment il a été conduit à ce que vous savez. Mais le bien opéré demeure; et quand l'antique liturgie reprendra sa place dans nos temples, grâce à nos bonnes traditions, elle apparaîtra comme revêtue d'un nouveau charme.

Au culte ne se bornaient pas les soins de l'illustre Pontife : persuadé que tout s'enchaine dans la vie; que les actes même les plus saints se ressentent toujours, du moins dans leur expression extérieure des habitudes acquises; que, par suite, il est bien difficile au prêtre, pour ne pas dire impossible, de porter à l'autel une gravité, qu'il n'aurait pas su faire entrer dans la conduite; il voulait que de bonne heure on accoutumât l'élève du sanctuaire, à cette réserve, cette sage retenue, ce sérieux même des manières, qui n'exclut ni la grâce, ni l'aisance, mais devient comme le cachet propre, la marque distinctive d'une vocation toute sainte, toute divine. Là tendaient toutes ses pensées; c'était comme sa préoccupation habituelle. Non content de les avoir consignées dans les *Statuts* ou *Principes de Conduite*, il en faisait souvent l'objet de ses communications au clergé; il était heureux de les voir comprises, pratiquées; et au fond, quoi de plus juste? N'importe-t-il pas souverainement au prêtre, à son honneur, à sa juste et légitime influence, qu'on ne puisse jamais oublier, en le voyant, de quel caractère il est revêtu? Comment le respectera-t-on, s'il ne commence par se respecter lui-même? D'ailleurs, si la dignité extérieure ne fait pas la vertu, n'en est-elle pas un heureux complément?

Que dis-je? ne lui vient-elle pas en aide? Et par suite de cette relation intime, nécessaire même, que Dieu a établi entre les deux substances qui composent notre être, entre le corps et l'âme, n'y à-t-il pas lieu d'espérer que des habitudes d'ordre, de sagesse, de retenue, si elles ne sont pas encore l'effet d'un sentiment profond du devoir, pourront, à leur tour, réagir sur ce sentiment pour le purifier, l'ennoblir, le perfectionner? Oh! bénissons notre père de ce soin, de cette tendre sollicitude : notre gloire lui était chère; il en parlait avec amour; et nous savons qu'au retour de ces voyages, où il avait pu juger et comparer ce qui se pratiquait ailleurs, il arrêtait sur ses enfants un regard de complaisance, j'ai presque dit de saint orgueil; oui, il était fier de son clergé!

Cependant, la tempête qui s'était abattue avec tant de violence, sur les monuments consacrés au culte, n'avait pas exercé moins de ravages dans les rangs du sacerdoce : la milice sainte avait été décimée : sans doute, ceux que la hache ou l'exil avaient épargnés, se montraient pleins de zèle; retrempés, pour ainsi dire, dans les *grandes eaux de la tribulation*, ces nobles vétérans du sanctuaire nous revenaient plus forts, plus ardents; mais le courage ne supplée pas toujours au nombre. D'ailleurs, une grande lacune existait; pendant plus de dix ans, les saintes phalanges n'avaient pu se recruter; il était donc urgent de combler les vides, de renouer la chaîne des temps, de relier le présent au passé, et d'assurer ainsi la perpétuité du sacerdoce. Le jeune Prélat l'a compris; et tandis que d'une main, il relève la pierre abattue du sanctuaire, de l'autre, il jette les fondements de ce Séminaire qui a déjà rendu tant de services au Diocèse, à la Religion.

C'est là, comme à la source même de la science et des vertus sacerdotales, que sont venues tour à tour ces nombreuses générations de lévites, aspirant à l'honneur de continuer, ici-bas, l'œuvre même de **J.-C.**, l'œuvre de la sanctification des âmes; là aussi, que plus d'une fois, de nobles infortunes ont trouvé un généreux et sympathique accueil. Nos frères de Belgique ne l'ont point oublié; et si, en proposant pour l'épiscopat, un de ces élèves, qui, aux jours de la persécution, (1) étaient venus chercher au milieu de nous, la science et la vertu qui font le prêtre, ils nous ont rendu témoignage; ce témoignage fut plus significatif encore, quand, sous le poids d'une autre persécution, (2) moins patente peut-être, mais

(1) Au Concile tenu à Paris en 1811, les évêques de Tournai et de Gand, M. Hirn et M. de Broglie, n'ayant pas voulu se soumettre aux volontés de l'Empereur, furent obligés de *donner* leur démission sous les verroux de Vincennes. Une semblable démission ne pouvait être acceptée par le Pape : aussi quand les successeurs désignés se présentèrent pour prendre possession de leurs siéges, une partie du clergé de l'un et de l'autre diocèse refusa de les reconnaître. Les séminaristes de Tournai et de Gand se montrèrent, dans cette circonstance, d'une manière énergique : Ceux qui n'étaient pas encore dans les ordres sacrés, furent incorporés de force dans l'armée ; les autres furent envoyés pour la plupart au Séminaire d'Arras : de ce nombre étaient Mgr de Tournai et l'un de ses grands vicaires actuels, M. Deschamps.

(2) En 1825, Guillaume, roi des Pays-Bas, formés, comme

plus dangereuse encore, (car elle s'attaquait aux sources mêmes de la foi), ils vinrent frapper de nouveau à la porte de cet asile ouvert à leurs devanciers : resserrant ainsi ces liens d'estime mutuelle, de sainte fraternité, qui déjà nous unissaient à eux. Dernièrement, l'éminent Prélat dont nous parlions tout à l'heure, et qui aujourd'hui gouverne, avec tant de sagesse, l'Eglise de Tournai, exprimait au Chapitre, en des termes que je voudrais pouvoir reproduire intégralement, ses regrets, de n'avoir pu rendre un

on le sait, de la Hollande et de la Belgique, porta divers arrêtés attentatoires à la liberté et au culte de ses sujets catholiques. Ces arrêtés ordonnaient la fermeture des écoles établies sans l'autorisation du gouvernement ; organisaient *un collége philosophique* pour les aspirants à l'état ecclésiastique ; portaient qu'on n'admettrait plus, dans les séminaires épiscopaux, que des élèves sortant de ce *collége*. A la suite de ces mesures, qui exaspérèrent un peuple éminemment catholique, une foule de jeunes Belges allèrent faire leurs études à l'étranger et le Séminaire d'Arras en recueillit encore un grand nombre. C'est alors que nous avons pu connaître personnellement ces nobles fils de la Belgique, les apprécier, les aimer. Que ceux d'entre eux sous les yeux desquels pourront tomber ces signes, veuillent bien se rappeler devant Dieu, celui qui a conservé un si précieux souvenir de leur séjour au milieu de nous !

dernier hommage à celui, disait-il, qui avait été pour lui *un bienfaiteur et un père.*

Plus tard, la ville épiscopale s'enrichit d'une autre fondation, bien précieuse aussi, et non moins utile : *Le Petit Séminaire.* Car, à côté de ces pieuses retraites où le jeune homme, que Dieu appelle, se prépare, par l'étude et la méditation des saintes lettres, au ministère auguste des autels, il est bon qu'un asile s'ouvre aux vocations naissantes, et vienne défendre et comme abriter cette première fleur éclose au souffle de la grâce.

Nous ne suivrons pas l'illustre Pontife, dans les améliorations successives, apportées à cette œuvre bénie entre toutes les œuvres ; car en elle, aujourd'hui plus que jamais, semble se concentrer tout l'espoir, tout l'avenir de la Religion. Disons seulement qu'à des études fortement organisées, stimulées d'ailleurs par l'aiguillon puissant de l'émulation, il a voulu joindre les éléments des sciences physiques et naturelles : pensant avec raison que le prêtre doit marcher avec le siècle, ou du moins n'être pas trop étranger à des connaissances qui, chaque jour, se vulgarisent de plus en plus.

La sollicitude éclairée du Prélat, pour le succès et la bonne direction des études, ne s'arrêtait point au seuil du séminaire : elle suivait le jeune prêtre, dans les postes divers où sa confiance l'avait placé. Le concours annuel rendu obligatoire pour tous, entretenait aussi en tous, le goût ou du moins l'habitude du travail; car l'homme n'apprend et ne conserve qu'avec peine; la science puisée au séminaire irait bientôt s'affaiblissant, si l'étude ne venait réparer ses pertes. Cette science d'ailleurs, on le comprend, est nécessairement faible encore et bornée; elle a besoin, pour se compléter, du travail personnel; nous ne disons pas que le concours seul suffise toujours pour atteindre pleinement ce but; mais il a des avantages qu'il serait injuste de nier : le mieux ne détruit pas le bien.

Cependant la science n'est pas le seul besoin du prêtre ; il est un autre élément de la vie sacerdotale, plus précieux, plus nécessaire encore ; je veux dire la vertu, la piété : *la piété qui est utile à tout*, [1] et sans laquelle la science elle-même serait souvent stérile, impuissante, quelquefois même dangereuse. Au moins conviendra-t-on, que le prêtre n'est vraiment digne de ce beau nom, qu'en réunissant en lui ces deux forces, qui se complètent l'une l'autre, et se prêtent un mutuel appui. Qu'armé de la science il puisse rendre compte de sa foi, au besoin la défendre, la glorifier ; c'est bien, c'est même nécessaire. Mais aussi que de son cœur, comme d'un foyer toujours brûlant, s'échappe incessamment la flamme du divin amour ; ce n'est qu'à cette condition, qu'il sera vraiment utile à ses frères, qu'il deviendra cette *lampe ardente et luisante*, [2] qui échauffe en même temps qu'elle éclaire.

D'ailleurs le prêtre n'aurait-il donc qu'à

(1) Timoth. Ch. 4, ⍦ 8.
(2) St.-Jean. Ch. 5, ⍦ 25.

penser aux autres ; lui aussi n'a-t-il pas une âme à sauver ? Et quand le grand Apôtre *châtie son corps et le réduit en servitude, de peur*, dit-il, *qu'après avoir prêché les autres, il ne soit lui-même réprouvé*, [1] pourrions-nous nous endormir, dans une fausse et trompeuse sécurité ? Oh ! comprenons-le, si le prêtre se doit à ses frères, il se doit avant tout à lui-même ; ou plutôt, deux mots résument toute sa vie : se sauver en sauvant les autres ! Or, si pour se conserver la science a besoin d'aliment, la piété pourrait-elle s'en passer ? Ne lui faut-il pas aussi ses jours d'entretien, de sainte réparation ? Que dis-je ? ce besoin n'est-il pas d'autant plus pressant, que chaque jour en contact avec le monde, ses passions, ses intérêts, elle court plus de dangers ? Oh ! vous le savez, s'il est facile de se maintenir, dans ce milieu si perfide, si dangereux ; si les plus fortes constitutions elles-mêmes n'y éprouvent pas à la longue une sorte d'affaiblissement !

Et voilà pourquoi NN. SS. les Évêques

(1) 1 Corinth. Ch. 9, ꙡ 27.

ont offert à leur Clergé le secours des retraites pastorales, retraites éminemment
utiles, nécessaires même, surtout à ceux
qui auraient le malheur de n'en point comprendre la nécessité. Remercions notre bien-
aimé Pontife et père, de nous avoir ouvert,
à nous-mêmes, ces sources de salut : pendant plusieurs années, nous avons pu *pui-
ser avec joie ces eaux vives, qui jaillissent
des fontaines du Sauveur,* [1] y étancher notre
soif, y retremper nos forces : et si, pour des
motifs que nous n'avons pas à examiner,
le cours de ces saints exercices a été sus-
pendu, tout en le regrettant, constatons
avec bonheur que le principe en a été posé.

On trouvera, peut-être, que nous avons
donné trop de développement à nos précé-
dentes réflexions; mais aussi, dans l'œuvre
du salut, le prêtre ne joue-t-il pas le prin-
cipal rôle? Et tout ce qui tend à le perfectionner, à le rendre plus digne de son auguste mission, ne tend-il pas, par cela

(1) Isaïe. Ch. 12, ẙ 3.

même, au bien des âmes, à leur progrès dans la vertu ? Au reste, nous pourrons désormais marcher vîte ; les œuvres qu'il nous reste à parcourir parlent assez d'elles-mêmes ; les nommer, ce sera déjà les avoir louées.

Jamais homme, peut-être, n'a donné plus d'encouragement que l'éminent Pontife, à ces diverses institutions qui, sous une forme ou sous une autre, viennent si bien en aide à la piété, en lui offrant chaque jour de nouveaux aliments. Il saisissait avec joie, avec un saint empressement, l'occasion de les propager dans son Diocèse ; et, sous ce rapport, nous n'avons rien à envier aux plus richement dotés. Voyez plutôt :

Ici, c'est l'adoration perpétuelle du très-saint Sacrement, déjà ancienne au milieu de nous, mais étendue par le Prélat à toutes les parties du Diocèse. Là, c'est cette pieuse dévotion, qui va recueillant, sur la route même qu'un Dieu a teinte de son sang, les plus graves comme les plus touchants en-

seignements : dévotion si bien nommée
Chemin de la Croix, et aujourd'hui si ré-
pandue qu'il n'est presque plus de paroisse,
de chapelle, qui ne jouisse de ses bienfaits.
Plus loin, c'est le mois consacré à la reine
du ciel et de la terre; le mois de grâces et
de bénédictions; le mois des fleurs, des
parfums, des pieux cantiques : il vient,
après les saintes tristesses du Carême,
comme pour en sauvegarder les fruits; il
apparaît, avec les premiers sourires du
printemps, pour les bénir et les sanctifier.
Voyez encore : de nombreuses associations,
sous le nom de confréries, ajoutent, au sti-
mulant des grâces et des indulgences, l'influence toujours si puissante de l'exemple.
On prie en commun, on s'édifie; le faible
sent moins sa faiblesse, il est soutenu; le
juste se justifie encore. (1)

Mais voici qu'à ces moyens, dont l'action
continue, incessante, est déjà si favorable à
la piété, viennent se joindre ces moyens plus

____

(1) Apocalyp. Ch. 22, ꝟ 11.

rares, extraordinaires, dans lesquels la Religion semble concentrer toutes ses forces, pour porter de ces coups qui marquent dans la vie, de ces coups qui ébranlent, terrassent, subjuguent. Qui ne se rappelle l'élan produit par les missions; ce saint enthousiasme, et, pour ainsi parler, ce choc électrique, qui précipitait tout un peuple au pied de la croix? Qui n'a aussi conservé le souvenir de ces stations si brillantes de l'Avent et du Carême, où l'éloquence, dans toute sa splendeur, a pu, portant la conviction dans l'esprit, la componction dans les cœurs, nous offrir à nous-mêmes des modèles, que, de loin sans doute, nous sommes heureux de suivre? Sous ce rapport, l'illustre Pontife eut ce bonheur de n'être jaloux d'aucune gloire : son Diocèse fut ouvert à tous les dévouements; qu'il en soit béni!

Que dirai-je maintenant de l'intérêt si vif, si profond qu'il a toujours porté aux maisons religieuses; soit à ces pieuses retraites, où loin du monde et de ses dangers, l'âme semble déjà ne plus vivre, ne plus respirer que pour le ciel; soit à celles surtout dont le but spécial est l'éducation du pauvre, le soulagement de ses misères? Pendant son épiscopat, l'humble Frère de la Doctrine Chrétienne; son généreux émule le Mariste; la noble Fille de Charité; les Sœurs de la Providence, de la Sainte-Famille, de la Sainte-Union, se sont multipliés comme par enchantement. Oh! puissent-ils aller toujours croissant! Il y a encore tant d'ignorance à dissiper, tant de larmes à essuyer! Enfin, son auguste patronage était acquis d'avance, à toute œuvre de régénération, de piété, de véritable progrès; et les derniers venus dans cette noble carrière de dévouement savent quel zèle, quelle chaleur, ils ont trouvé au cœur du pieux vieillard : les Conférences de Saint-Vincent de Paul, l'Œuvre de Marie, la Société de Saint-Victor, entourent ses cheveux blancs comme d'une auréole de gloire !

Cependant, devant ce vaste mouvement

auquel il était si heureux de donner l'appui de son nom, de son autorité et de ses encouragements, le prélat ne restait pas inactif : fidèle au devoir de sa charge pastorale, il visitait chaque année une partie de son immense Diocèse, pour y conférer à ses nombreux enfants, le sacrement auguste qui complète en eux la grâce du baptème, et les confirmant dans la foi, les arme de force et de courage pour la lutte suprême, la lutte du bien contre le mal, de la vertu contre le vice. Dernièrement encore, affaibli, presque mourant, il recevait dans sa chapelle les paroisses suburbaines. Gardien vigilant de la foi, dont le dépôt lui était confié, il surveillait, d'un œil sévère, les tentatives souvent cachées, quelquefois ouvertes, de l'esprit de secte ou d'impiété; et l'on sait quelle fermeté il fit paraître, quand les voies de la douceur n'aboutissant à rien, il fallut sonner l'alarme et arrêter, dans leur marche de plus en plus audacieuse, de perfides et coupables manœuvres. Que dirai-je encore? Assidu aux offices de l'Eglise-mère,

on le voyait, malgré son grand âge, en suivre
les divers exercices, les prédications quelquefois si longues, le chant même des heures
canoniales, et y donner à tous l'exemple
d'une piété aussi douce que sincère; et cette
régularité, il la portait en tout et partout;
chaque jour, il offrait l'auguste sacrifice, ne
comprenant pas que le nombre et l'étendue
de ses occupations pussent le dispenser de
ce saint devoir, ou du moins le priver de
cette grâce; chaque jour encore, il s'ac-
quittait, avec piété, de cette portion de la
prière publique, imposée par l'Eglise à tous
ses ministres; et ceux qui ont eu l'honneur
de l'accompagner dans ses visites pastorales, pourraient nous dire quel soin, et
pour ainsi parler, quelle scrupuleuse exac-
titude il y apportait. Enfin comme dernier
fleuron à cette belle couronne de saintes et
pieuses habitudes; chaque jour, un chapelet
à la main, il aimait à répéter, en l'honneur
de Marie, ces paroles qu'un ange est venu
du ciel apporter à la terre; paroles qu'on
retrouve, avec bonheur, sur toutes les lèvres,

mais que l'on recueille, ce semble, avec plus d'amour encore, sur celles dont l'Ecriture a dit : qu'elles doivent *être les dépositaires de la science, sur les lèvres du prêtre.* (1) Eh! qui donc invoquerait Marie, si celui qui, par le sacerdoce, participe en quelque sorte à sa maternité divine, pouvait demeurer muet en sa présence? Oh! non, mon père, ce n'est pas vous qui avez méconnu cet amour qu'on pourrait appeler l'amour des âmes privilégiées! Et à défaut de ce beau monument (2) que votre piété a élevé à la gloire de la reine des cieux, l'humble chapelet, dont les grains mystérieux se déroulaient si souvent sous vos doigts, dirait assez combien vif, ardent, vraiment filial, a été en vous cet amour.

Eh! Mes Frères, laissez-nous vous le dire, ce sont là des souvenirs précieux; sou-

---

(1) Malach. Ch. 2, ꝟ 7.

(2) La Chapelle de la Ste.-Vierge, remarquable par la richesse, le bon goût de ses décors, et la belle peinture de M. Daverdoingt.

venirs qui reposent l'âme, qui lui font bien ; souvenirs dont on a presque besoin, pour respirer à l'aise, dans cette vie si chargée d'honneurs, de dignités ; car cet éclat dont le monde est si vain, si jaloux, qu'est-il après tout, aux yeux de la foi, qu'une plus grande responsabilité ? Oui, cet éclat m'effraierait presque, si, à côté, je ne trouvais de ces vertus modestes, qui n'accordent rien à l'orgueil, qui en sont, au contraire, le correctif le plus puissant ! Aussi, quand je les rencontre sur cette route, dont la gloire a marqué, pour ainsi dire, toutes les étapes, je m'y arrête avec amour, et bien loin d'en rougir comme d'une chose petite, peu digne d'une position éminente, je les proclame hautement, avec bonheur ; et volontiers, comme Bossuet, je dirais : *Je n'ai regret qu'à ce que je laisse !* (1)

Et maintenant que la mort arrive, qu'elle vienne le surprendre et comme le frapper à l'improviste ; réfugiés au milieu de ces sou-

____

(1) Oraison funèbre d'Anne de Gonzague, princesse palatine.

venirs, comme dans un asile inexpugnable, nous serons pleins de confiance et de saint espoir. Là où la vie est pure, régulière, la mort peut être soudaine, elle n'est point imprévue. Nous savons d'ailleurs que, dès les premières atteintes du mal, qui devait le conduire au tombeau, il avait demandé les derniers sacrements : on ne jugea pas sa position assez grave, pour acquiescer à ce pieux désir; et nous fûmes privés d'une bien grande consolation! Il nous eût été si doux d'entourer son lit de douleur, de recueillir ses derniers avis, recevoir sa dernière bénédiction! Il y a dans cette parole suprême, qu'adresse un père à ses enfants, je ne sais quoi qui remue profondément l'âme, et y laisse d'ineffaçables souvenirs! Mais nous le regrettons moins pour lui que pour nous. La veille de sa mort, il avait déposé, dans le sein d'un de ses prêtres, l'humble aveu de ses fautes; et, quand il s'affaissa pour ne plus se relever, une main amie et dévouée [1] a pu

[1] M. l'abbé de la Tour-d'Auvergne, petit neveu de Son Eminence.

répandre sur ses membres, que la mort en-
vahissait déjà de toutes parts, l'huile sainte
qui purifie des dernières souillures, qui for-
tifie contre les dernières attaques.

Allez donc, ô Pontife vénéré ! l'heure est
venue, où Jésus, le *prince des pasteurs*, va
rappeler à lui son ministre; allez! sur cette
terre, où vous aurez laissé tant de regrets,
vos enfants ne vous oublieront pas! si, dans
leur douleur, ils ont trouvé une sorte de
consolation, à entourer vos restes mortels,
des plus éclatants témoignages de respect et
d'amour; ils savent, cependant, qu'à la
prière seule, aux bonnes œuvres, au saint
sacrifice, il a été donné de suivre l'âme au-
delà de la tombe, et franchissant les bornes
étroites du temps, de pouvoir la servir *dans
la maison* même *de son éternité.* (1) Ils prie-
ront donc; et, longtemps encore, votre nom
vénéré, le nom de celui qui a voulu mourir,
au milieu de nous, sera redit dans le secret
de l'oraison, au pied de cette chapelle, où

(1) Eccle. Ch. 12, ℣ 5.

repose maintenant tout ce qui nous reste de vous !

Et au fond, Mes Frères, de quoi serviraient, à celui que nous pleurons, ces larmes, ces regrets, ces honneurs, cette pompe, si une pensée de foi, si la prière ne venait les animer? Sans-doute, nous l'espérons, Dieu a déjà reçu notre père dans sa miséricorde, après *l'avoir rassasié*, comme parle l'Ecriture, *de la longueur des jours, il lui aura montré son sauveur* [1]; et, à l'heure où toutes les pompes de la terre s'étaient donné comme rendez-vous, autour de son cercueil, son âme, au ciel, pouvait contempler un spectacle bien plus beau, bien plus imposant, le spectacle de ces grandeurs, dont la gloire humaine n'est encore qu'un pâle reflet. Mais devant le Dieu, qui juge les justices mêmes, qui a trouvé des tâches jusque dans ses anges, il faut être si pur!... Prions donc, prions encore; la prière a toujours son utilité; elle est si douce d'ailleurs et si conso-

____

(1) Psaume 90, ẏ 16.

lante! Prions; et pendant que l'éminent Pontife, qui a voulu inaugurer son épiscopat, au milieu de nous, par ce pieux et solennel hommage à la mémoire de son auguste prédécesseur, achèvera le saint sacrifice; tous, d'un commun accord, faisons au Ciel une sainte violence; brisons les derniers liens, qui pourraient retenir encore notre Père captif; ouvrons-lui les portes de la patrie, du séjour de la gloire, de l'immuable félicité; introduisons-le par nos prières dans *le lieu de rafraîchissement, de lumière et de paix* [1]; et alors, nous aurons acquitté une dette bien chère à nos cœurs, la dette de la reconnaissance; et celui qui, si souvent, nous a bénis sur la terre, nous bénira de nouveau dans le Ciel ! — *Ainsi soit-il !*

____

[1] *Memento* des morts au canon de la Messe